글·그림 이유경

신아출판사

작가노트

누군가 아픔으로 마음 흔들리며
살아가지 않기를 바랍니다
제자리로 되돌아 나오기 위해
찬바람 부는 어두운 골목길을
떠돌지 않기를 바랍니다
봄 날 새벽하늘과 마음 주고 받는
수줍은 꽃처럼 맑은 행복을 그대 온
몸에 곱게 꽃물 들이고 주어진 한 세월
다하는 그 날 까지 고귀한 사랑의 길
걸어 갈 수 있기를 바랍니다
아픔과 그리움 번지는 마음 가에
따뜻한 바람의 손길로 눈물 거두고
빛 고운 꿈이 가득 담긴 밤하늘 별들을
두 손 가득 퍼올리며 날마다 아름다운 삶의 노래로
희망찬 길 함께 걸어갈 수 있기를
간절히 바라는 마음입니다

2016년 봄

이연　이 유 경

차례

차례

1. 낙엽과나

외로운 창문으로 쏟아지는 가을 햇살이 바람에 흔들리다 낙엽이 된다

이파리 마다 담긴 고운 빛깔의 꿈들이 허공에 그림을 그리면서
하늘로 향하는 희망으로 젖어갈 때 쯤

슬그머니 살아온 날들이 나를 붙들고 가을 숲을 헤치며 지나간다

2. 봄 향기

들꽃 하얗게 한들거리며 웃음 지니면 내 그리운 이는 말간 이슬이 되어 꽃잎에 앉는다
푸른 하늘 따르는 초록빛 들길에 그대 고운 마음이 넉넉함으로 물들이는 사랑
내안엔 봄 향기로 아름다운 미소 가득하다

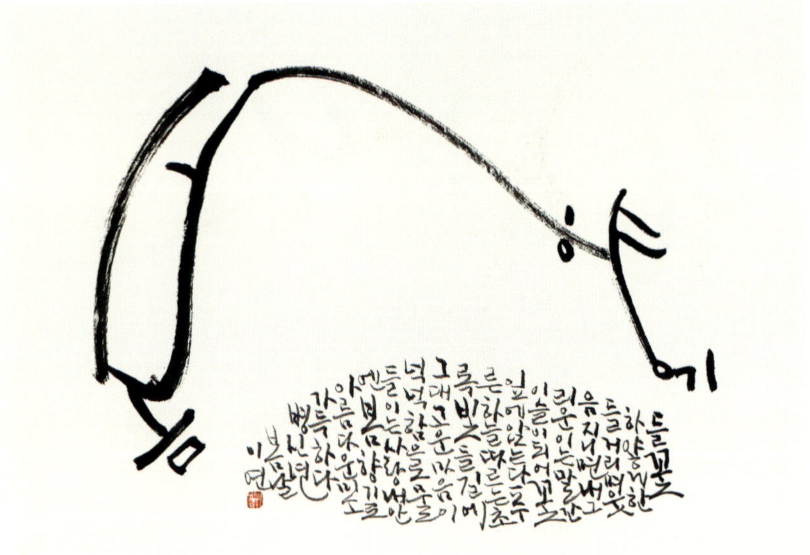

3. 새

자신의 어리석음으로 눈이 멀어서 즐거움과 웃음의 노래
그친 듯 허공에 울음 적시며 외롭게 날아간다

희미하게 걸린 어둠속엔

쓸쓸함으로 떨어지는 눈
물
방
울
들

잡을 수도 놓을 수도 없는 그대 안에 가득한 욕심은
먼 길 산 그림자 따라서 안타깝게 날고 있다

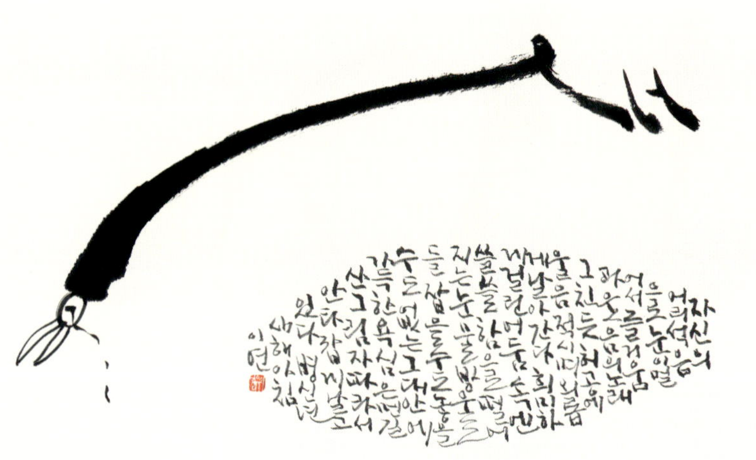

4. 부끄러움

허공에 날리는 은행잎들을 바라보면서
나는 이런 생각을 해봅니다

날리는 은행잎이 모두 지폐라면 얼마나 좋을까

한 잎 두 잎 아프게 아프게 이파리 떨구며
마음을 비우는 은행나무 아래서
욕심으로 가득 찬 나는 은혜로 가득한 은행잎 비를 맞으며
참으로 부끄럽게 이 가을을 보내고 있습니다

5. 그대 얼굴

오늘 하루도 잘 보냈냐며 인사를 건네는 그대 얼굴에서 나는 희망을 봅니다
어느 날은 커다랗게 둥근 얼굴로 어느 날은 수척해진 반쪽 얼굴이지만
늘 미소를 잃지 않는 모습으로 나를 바라보며 위로를 건네는
그대가 있어 참으로 행복합니다
삶의 아픔과 슬픔들 속에서 한 줄 또 한 줄 그어 지는 내 얼굴의 주름들이
그대 얼굴과 마주하고 있으면 어느새 환하게 지워져 갑니다
오늘도 별이 반짝이는 밤하늘 창가에서
나를 기다리고 있는 그대
그대를 향한 내 발걸음은 늘 가슴 설레며 한 발 두 발 다가서다
내가 두 눈 감고 그대 품속으로 사라져 갑니다

6. 당신

맑은 웃음 머금고 고운 빛깔로 익어가는 가을
소리 없이 열리는 가슴마다

푸르름으로 꿈을 꾸며 언덕에 내려앉으면
부드러운 바람 가을 저녁에 머문다

소중한 시간들이 온 몸으로 노래를 하며 여유로움 속에서 한가로이 흘러가고
정갈한 모습으로 단풍 곁에 서 있는 당신은 가을 향기로 사랑스럽다

7. 자유

자유로운 즐거움 속에서 나만의 꿈을 펼칠 수 있는 행복한 시간

홀로 있어 더 깊고 고요한 시간들은
푸른 밤하늘 별빛처럼 달빛처럼 평화롭게 노래를 한다

멈추고 바라 볼 수 있는 시간 속에서 향기로운 들꽃이 되어
맑은 세상으로 물들어 가는 내안의 내가 날마다 새롭게

마음의 문을 열고 하늘 위에서
세상 그 아픔들 다 잊어낸다

그냥 눈물이 난다

8. 그냥 눈물이 난다

바람이 하늘로 올라간다

별과 달은 뒤척이다 펄럭이며 내 가슴으로 떨어지고
모든 것이 떠나가는 시간 속에서 그냥 눈물이 난다

가을이 가고 있다

깊은 곳 흘러서 삶의 의미를 노래하며
텅 빈 두 손엔 근심 없는 행복을 껴안고
눈물 가득한 내 두 눈엔 붉은 빛 침묵을 안겨주며
내일을 향하여 슬프지 않게 가을이 가고 있다

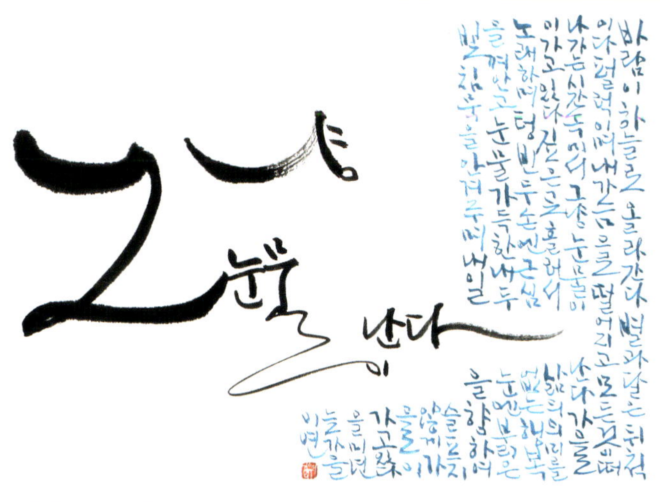

9. 그리움이 담긴 시월

햇살은 바람을 타고 붉게 물들인 그리움으로 걷는다

걸음마다 온화한 향기 고운 빛깔 가슴에 어리고
파랗게 물들인 하늘엔 한 줄기 희망이 날아오른다

꿈과 기다림으로 행복한 시간 내 마음 밭엔 어느새
눈부신 시월이 넉넉한 사랑으로 안겨와 맑은 마음으로 웃고 있다

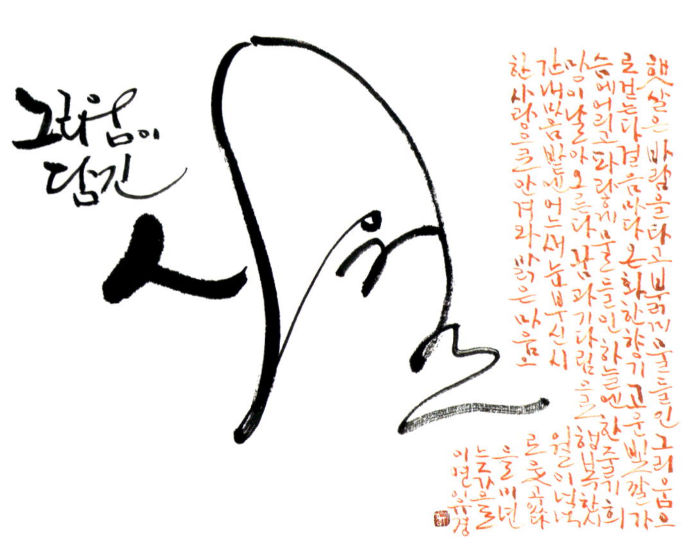

그리움이 담긴

10. 예쁜 추억

겨울 강 건너 눈밭에서 나를 기다리는 예쁜 추억 하나
두근거리는 가슴은 하얀 그리움을 안고 부서지는 눈발이 되어 강을 건넌다

찬바람 드나드는 빈산에 나무들은
푸른 빛 잃지 않고 꿈을 꾸며 사박사박 노래를 하고
마음이 깊어지는 고요 속에서 소복소복 쌓이는 이야기들은
맑은 희망의 얼굴로 두런두런 마주하고 있다

하얀 눈 하염없이 내리는 따뜻한 눈밭에서

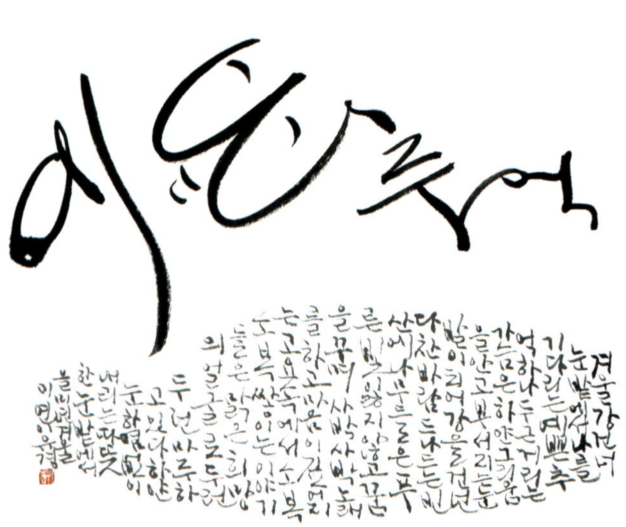

11. 여름 소나기

남모르는 아픔이 소나기에 젖어 조금씩 흐려져 간다

물오른 초록 이파리엔 싱그럽게 희망이 내리고
풀 물든 가슴속엔 맑은 강 한 굽이 흘러간다

걷히는 구름아래 고요를 더듬는 삶은
하늘 어딘가에 있을 초승달을 찾아 한가롭게 젖은 풀잎 속을 거닐고
바람결에 희미하게 반짝이는 별은
푸르름 속에서 홀로 아름답게 빛나고 있다

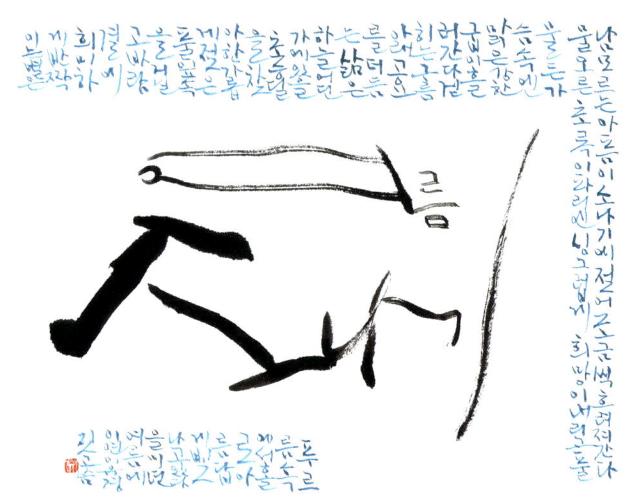

여름 소나기

12. 외로움

찬 공기 가슴에 스미니 가을 들국화 외롭게 손 내민다
마른 나무 가지위로 눈물 한 점 파랗게 번지다
하늘이 저녁을 건
너
가
고

따뜻한 세상 등 뒤로 바람 쓸쓸하다

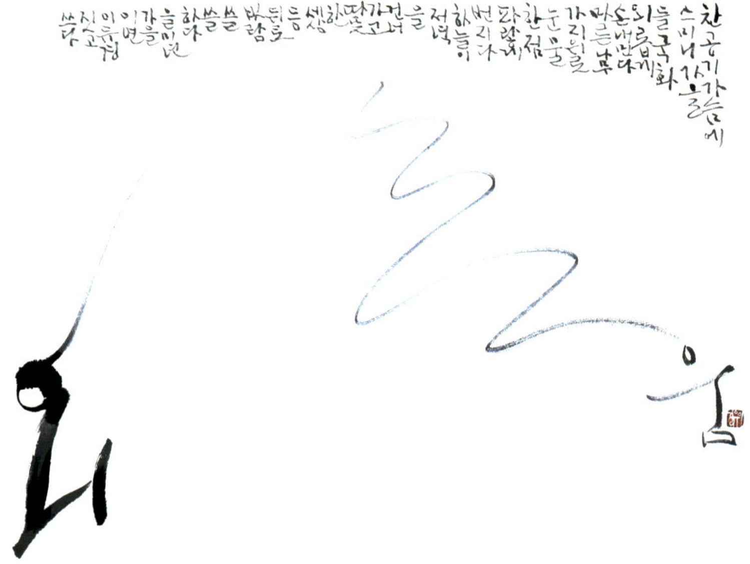

13. 봄

무거운 어깨에 연두 빛 꿈을 얹고 차가운 바람 속을 그대가 서성인다

해마다 맑고 투명한 하늘 벗삼아 고운 희망을 새롭게 펼쳐내며
방울방울 천진난만한 웃음으로
나를 흔들어 깨우는 너
어디쯤 갔다가 양지쪽 그리움 다시일어 달려왔는지
찬란한 모습으로 봄 볕 따스한 그대는

이 고요한 하얀 눈밭에서 벌써 내 가슴을 설레게 하고 있다

14. 맑은 영혼의 얼굴

나무가 잠에서 깨어나기 전 새벽은 맑은 영혼의 얼굴로 눈을 뜬다

하늘은 어스름 벗어나며 한 줄기 바람으로 부드럽게 둥글어져 가고
구름 사이 들락날락 방황하며 망설이던 조각달이 하얀 정적 속으로 사라져 갈 때
나뭇잎 고요히 펄럭이며 나무는 눈을 뜬다

15. 봄의 얼굴

풀 물든 얼굴에 햇빛 화사한 미소가 해맑게 꽃피어 난다

성큼 다가선 생명의 숨결은 눈부신 허공 속을
온화한 향기로 가득 채우고
두 손 가득 희망을 피올리며 어둠을 밝힌다

잠을 깨운 바람 빈 하늘에서
행복으로 사랑을 노래하며
끝없이 푸른 빛 속을 날고 있다

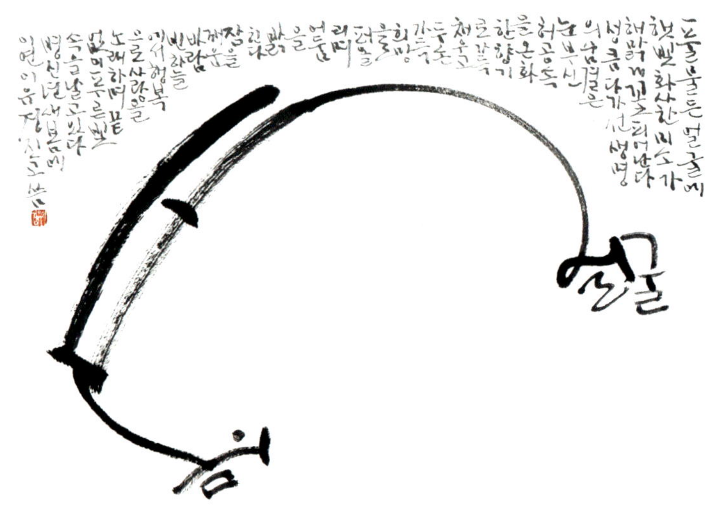

16. 멀어진 하늘

그리운 이는 멀어진 하늘에서 울고 추억은 바람에 흔들리며 홀로 걷는다

저물녘 노을 빛 가득 쏟아지는 언덕에
간절한 기다림으로 영혼을 실어가는 바람
한 조각 꿈속에 그대 마음은 세월을 따르고
밤하늘 별 빛 사이로 시간이 깊어진다

그
리
고

또 하루가 저문다

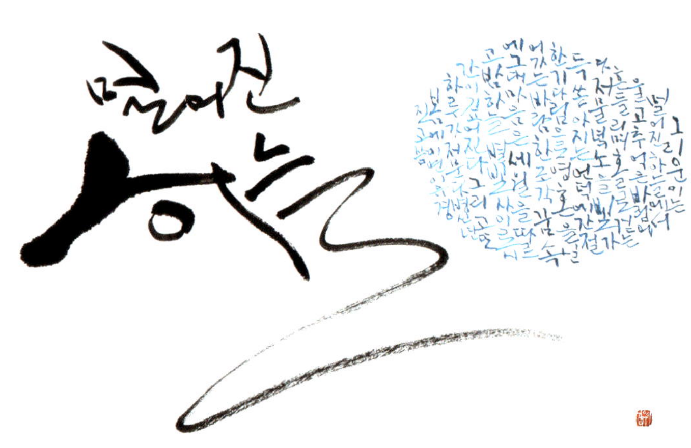

17. 들꽃 향기

달 빛 고요한 소슬바람 속에서

자유로운 영혼으로 노래하는 들꽃

사랑의 마음 부드럽게 익어가는 풀숲에 붉은 가을 빛 곱게 내려 앉아

꽃의 눈물로 향기롭다

18. 고운 웃음

낙엽 떨어진 자리 서늘한 기운이 넘나들며 아픈 흔적으로 이슬 흠뻑 젖는다

하늘은 바람 한자락 부여잡고 소리 없는 외침으로 가슴의 응어리를 풀어놓고
슬픈 삶들은 한 뼘씩 키를 키우며 울고 있을 때

제멋대로 물들어갈
세월의 빛이 나지막히 건넨 말은 고
운
웃
음

19. 가을 햇살

초가을 해는 찬란한 빛으로 문 밖을 나선다

가슴이 열리고 희망이 내리는 들판을 향하여 손을 흔들며 눈부심으로 가득 차다

눈물로 흔들리고 넘어졌던 들녘에는 기쁨으로 생기가 넘치고
삶의 향기로 아름답게 피어나 반짝인다

먼 길 건너온 바람은 겸손하게 말을 건네고
들꽃 묻어나는 행복이 가을 햇살 위에서 환하게 웃고 있다

20. 산길

무심히 지난다 그림자 드리운 길

시든 꽃잎 무슨 생각으로 고개 숙였는가

고요히 숨을 멎은 듯 적막이 흐르는 낯선 산길에서
바람은 숨 죽여 울고
홀로 서산을 넘어가는 해를 따라
계절은 가눌 수 없는 그리움으로 깊어만 가고 있다

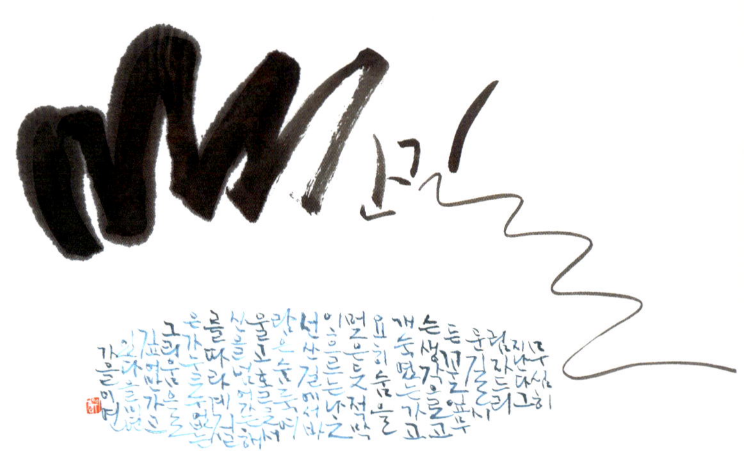

21. 달 밝은 가을 길

흔들리며 흔들리며 나부끼는 나뭇잎 사이로 하늘이 보인다

마음이 쓸쓸해서 아프다는 나무는 중얼거림 속으로 사라지고 보름달이 차오른다

발등으로 떨어지는 달빛은 꿈꾸듯 묵묵히 쌓여가는 낙엽들을 밟고 있다

아

직

도

풀리지 않은 가을 길에서

밝은

22. 영혼의 노래

나를 비집고 들어선 고뇌의 심장소리가 허공에서 곤두박질치며 부서져 내린다

낯선 자들의 웃음소리는 허무한 삶속에서 쓸쓸함으로 울부짖고
막연함 속에 돌아갈 길 없는 내 영혼은

하늘 빈자리 고유의 생각 속에서 들풀처럼 서 있다

23. 사랑이 눈뜨는 수줍은 저녁 강가

사랑이 눈 뜨는 수줍은 저녁강가 작은 물소리 별을 헤며 산책을 한다

간간이 불어오는 선들바람에 흔들리는 나무와 꽃들은 저마다의 향기로 숲을 채우고
그리움 걸려 있는 작은 바위는 하늘을 향해 고개를 들어올리며 사랑을 노래 할 때

초저녁 달 맑은 얼굴로 풀숲에 내려앉는다

24. 침묵의 메아리

슬프지 않을 축복이 일몰 앞에서 깊은 기도로 떨어진다

고독함 속에서 때 묻지 않은 진실함의 노래가 번뇌의 속박을 끊고
생사의 괴로움에서 벗어나 하늘의 지혜로 피어나는 시간

삶은 드높은 영혼으로 깨어나
평온한 침묵 속에서
텅 빈 메아리가 되어 울려 퍼진다

25. 가을 하늘

아린 슬픔을 벗어 두고 가을 하늘이 파랗게 물들어 내게로 올 때
산모퉁이 가을 햇살은 욕심 없는 마음으로 두 손을 모은다

고운 미소 가득 담은 들꽃은 청순함으로 더 순박하게 물들어 가고
하늘 끝 저 멀리 추억을 더듬는 바람은 두 눈을 감고 가슴 설레고 있다

고갯마루 넘어 맑은 행복은 기쁨으로 영글어 가고
혼자 속삭이는 가을 하늘에서
내 꿈도 사랑으로 향기롭다

26. 꽃잎

바람 부는 날엔 더 애절하게 하늘거린다
허공에 잠든 내 영혼 그대 눈길에 한 숨 짓다
돌아보면 아픔으로 흔들리던 꽃 잎 한 장 가슴에 안긴다

비가 내린다

한 생명의 소멸이 다음 생으로 이어갈 생명의 눈물
서러운 울먹임엔 새 봄의 향기가 서리고
따뜻한 온기로 내 가슴을 적셔올 때
아픔의 눈물로 아픔이 가신다

27. 그림자

스쳐가는 가녀린 바람 너그럽게 머무는 외딴길에 달 빛 품고 걸어가는 내 그림자

듬성듬성 시린 발자국 마다 슬픔이 고여 오면 고운 발걸음으로 내안에 들어와
빈 가슴을 적셔주고 허전한 마음이 어둠속에서 길을 잃고 헤맬 때면
따뜻한 사랑으로 내 영혼을 등에 업는다.

오고 가는 세월의 길 위에서 순수한 삶의 향기로 일렁이며
한 평생 함께할 영원한 동반자
빈 허공 달빛 위에서 언제나 나를 꿈꾸게 하며
희망을 풀어놓는 내 사랑의 그림자

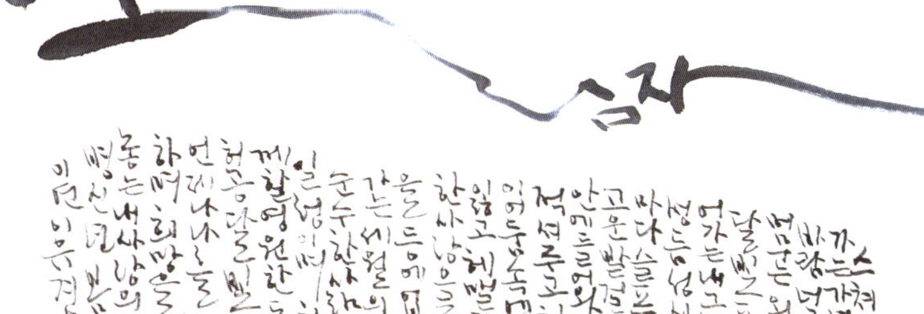

28. 나무

맑은 하늘 위로 올곧게 서있는 한 그루 나무
은은한 빛으로 피어나는 사랑은
그윽한 숨결로 고요 속을 적시며 침묵으로 향기롭다

먹먹한 마음속에 무겁게 고여 오는 것들이
그대 영혼에 등을 기대고 담담한 하늘 빛 물들여 갈 때
희미한 안개 속에서 별을 헤듯 떠가는 세월은
텅 빈 하늘에서 서글프다

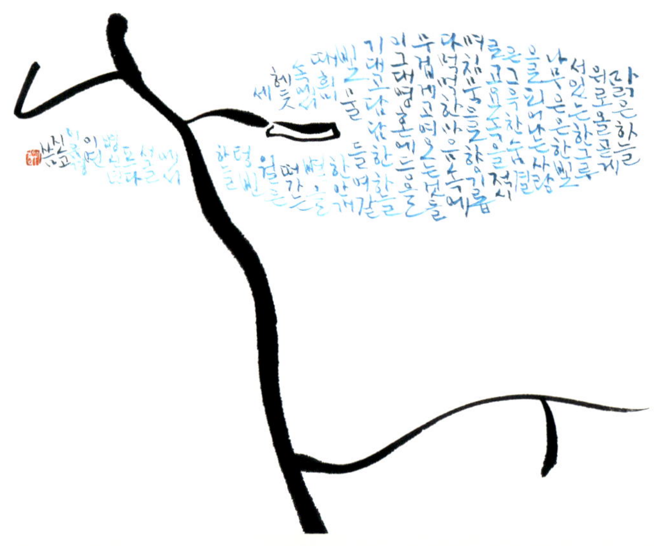

29. 꿈

하늘 빛 닮은 꿈이 두 눈 가득 물들어 간다

가슴 시린 바람 속을 밀려 왔다 밀려가며 설움에 젖기도 하지만
달의 저편 밤하늘 별들이 그려놓는 언어들은
설레임을 안고 희망이 되어 꽃으로 피어난다

별들이 하늘에서 내려오고 꽃들은 별 밭에서 행복을 노래 할 때
꿈은 하늘 달 빛 가슴에 내려 앉아 눈이 부시다

30. 가을 서정

가을이 바람을 모으며 외로운 가지 끝에 앉는다

청명한 하늘엔 갈바람이 사랑의 향기로 가슴 설레는 그리움을 그리고
가을 들녘을 산책하는 산들바람은 흐려진 아픔 곰곰이 헤아리며 길을 걷고 있다

소중한 삶이 익어가는 소리가 들리는 이 계절에
꿈을 모으는 따뜻한 가슴들이 기쁨으로 물들어 갈 때
풍요로운 바람은 외로운 가지마다 희망을 심어두고
가을 하늘에 편지를 쓰며 단꿈을 꾸고 있다

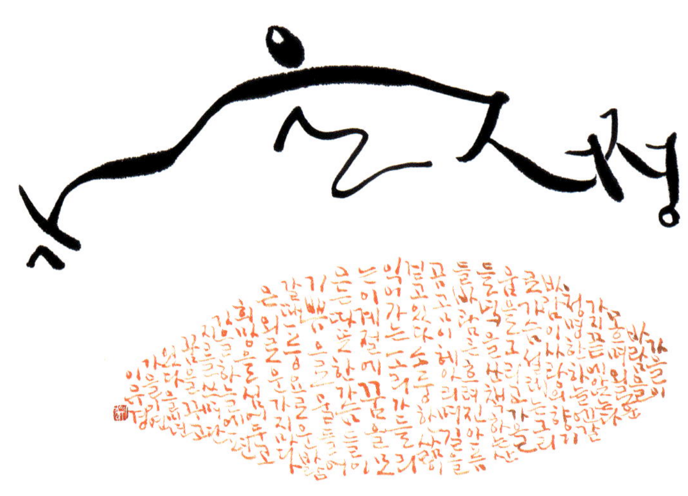

31. 가을 산길

따사로운 햇살 나지막히 들녘에 내려 앉는다

꽃들은 눈이 맑은 아이처럼 천천히 바람 사이를 오가며
산그늘에서 마음의 정을 나누고
하늘가 흰 구름은 흐르는 시냇물에 몸 담그고 슬픔을 풀어낸다

다른 계절의 길목에서 철지난 옷을 입고
풀들은 고운미소로 나를 반기고
노을진 어둠 뒤로 외로운 별 하나 아름답게 빛날 때 쯤
초승달 홀로 서서히 몸을 눕히고 한 숨 그친다

32. 산책

내 고단함이 고요히 떠도는 달빛을 따라서 걷고 있다

먼 산 나무는 가지마다 깊숙이 얼굴을 묻고 잠이 들고
빈 허공 속을 외로움으로 가득 메운 구름은 꼭꼭 숨겨 두었던 아픔을 한 발 내딛고 있다

한 참을 흔들거리던 바람은 반짝이는 별을 찾아 나서고
울며 지나가는 내 그리움은 흘러가는 세월 속에서도 꿈속에서 웃고 있다

생각들이 하나 둘 고운 달빛 꿈속을 거닐고 있을 때
멀리 새벽이 어둠 벗어난 빈 하늘에 눈감고 사랑으로 떨어진다

33. 그대

나뭇잎 지는 계절에
산등성이 스치며 날아가는 한 마리새

파아란 하늘엔 그대모습 고요히 거닐고
들녘엔 쌓이는 나뭇잎

바람 부는 가을 길

덧없는 세월 속을 나 홀로 외롭게 걸어간다 해도
영원한 사랑 그대 품안에서 서럽지 않으리

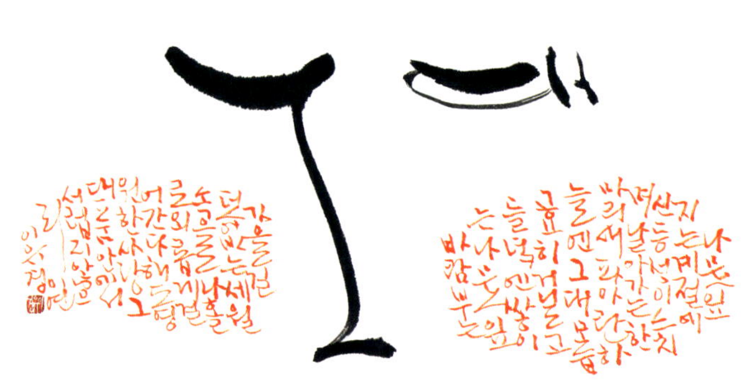

34. 별

문득 홀로 울고 싶은 날
나의 슬픈 하늘에서 별이 쏟아진다

저녁노을을 안고 따스한 사랑으로 반짝이며
그리움으로 흔들리는 내안에 어둠속에 서 있는 햇빛처럼 별이 쏟아진다

가슴시린 세월 속을 맑은 영혼으로 다가와 온통 향기로 가득 품어 주며
찔레꽃처럼 하얀 별들이 눈물처럼 쏟아져 내린다

열

35. 추억

아쉬움에 돌아보는 고운 추억 하나
묵은 상념들이 긴 어둠의 팔에 안겨 하나 둘 별을 헤아리다

맑은 눈물이 되어 별꽃으로 떨어지고
밤하늘엔 그리움의 세월

아름다운 기다림의 슬픈 노래가
나만의 시간 속에서 그대의 향기로 잠이 든다

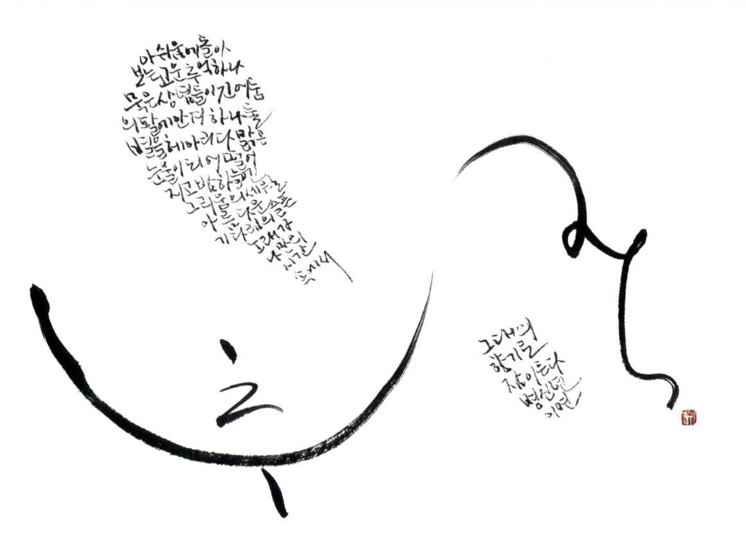

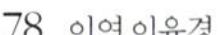

36. 희망의 별

꽃은 바람의 향기로 별이 되고 별은 어둠속에서 눈물로 반짝이다

외롭게 꽃이 된다

바람 따라 이어지는 모든 그리운 것들이
아련한 추억 속에서 연두 빛 가지에 결려 울음을 참고 있을 때

내 가슴 속에도 듬성듬성 밤하늘 별이 뜨고
빛이 되고 싶은 희망의 별 하나를 품어보는데
혹독하게 춥다

37. 가을 구름

여름비에 젖는 한 그루 나무 바람이 살짜기 어루만지고 지나간다

한 바탕 비가 그치고 빗방울처럼 뛰어다니던 내 마음은
어느새 잔잔한 가을 구름이 되어
저 푸른 청산에 하염없이 앉아 있을 때
사랑 찾아 나서는 한 마리 새

가는 세월 덧없어라

휘영청 달빛을 타고 벌써 나뭇잎 떨구는 소리

38. 생각

눈부신 아침 새롭게 터져 오르는 한 줄기 생각이 여울목을 흐른다

가슴을 열고 빠른 걸음으로 내달리다
잠시 숨을 고르더니 천천히 숲과 바람 사이를 오가며 아름다움으로 몸을 뒤척인다

한 나절이 지나고 생각은 더 깊어지는 숲속으로 발걸음을 옮기고
푸르게 물든 조각달이 온 몸에 내려앉을 때 쯤

고요한 여백으로 적막하다

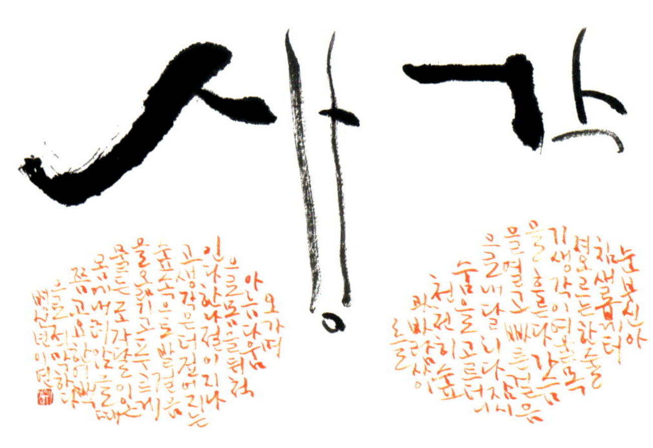

39. 삶

흘러가는 구름에 눈물을 싣고 목이 잠긴 삶

움푹 패인 발자국 속에 갇혀 허우적대는 그림자를 안고 하늘 길 끝이 없다

허물어진 세월 속에서 더 깊어지는 아픔은 차가운 거리를 맴돌다

추억을 더듬지만 외로운 하늘엔 낯선 별 하나

흐려진 두 눈에 길은 더 멀어 보이고 꿈은 밝아졌다 흐려졌다

밝
아
진
다

40. 기쁨

향기로 내딛는 사랑 노래가
무한 공간을 넘나들며
기쁨으로 그네를 탄다

내 아픈 마음은 그대의 웃음 짓는 눈빛에 안겨
더 소중한 침묵으로 물들어 가고

바람 잠든 마음 길에 남은 여백의 세월

추억으로 물든 당신의 뜨락에서
넓은 가슴으로 하늘을 안고 싶다

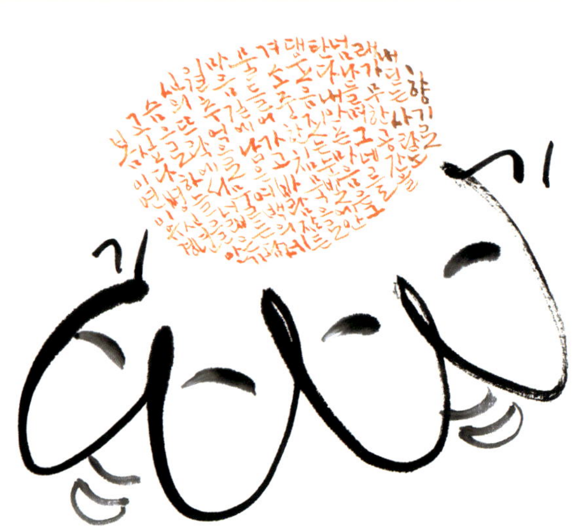

41. 지는 꽃

흘러가는 구름아래 방황으로 흔들리다
아픔으로 지는 꽃이 고독한 나그네의 가슴에서 서럽다

바람 불면 꿈속을 날고 침묵으로 뜨겁던 사랑 노래가
기나긴 상념 끝자락을 서성이다 이제 돌아가야 하는 길

푸른 하늘 깊게 펼쳐지는 그늘에 숨어
찬바람 속을 우뚝 버티다 연두 빛 하늘 새롭게 열리는 날

물오르는 봄 햇살 반짝이는 청초함으로 새움 틔우리

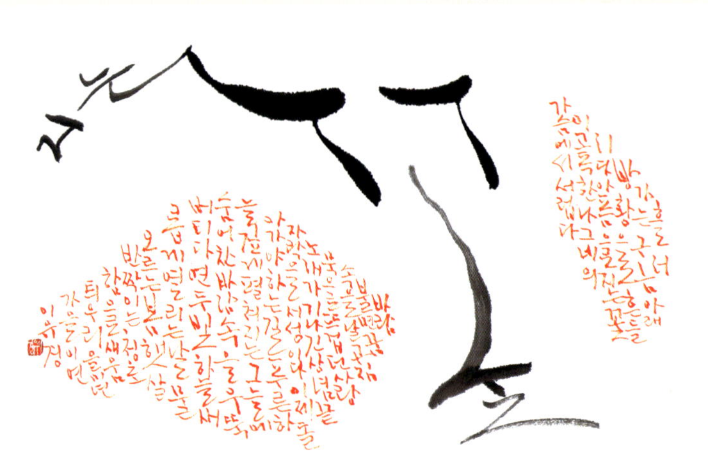

42. 숲길

고요에 휩싸인 아늑한 숲 길
그 곳은 내 마음의 길

미래에 대한 하얀 꿈을 키우며
단 하루의 삶 속에서도 희망을 들고 걷고 싶은 길

억겁의 세월 아픔을 딛고 밤마다 달 빛 웃음 머금다가
초록 이슬 맺힌 아침 숲속에서 작은 행복을 풀어 놓고

가벼운 마음으로 걷고 싶은 길

43. 늘 그리운 것은

늘 그리운 것은 가슴 깊은 곳에서 기억으로 몸부림치다
달빛으로 부서진다

빛이 되어 떨어지는 한 방울의 눈물은
퍼렇게 멍이 든 강물 위에서 달그림자 밟으며 말없이 서성이고
흐릿한 두 눈가에 맺혀 반짝이는 것은

마지막 환상
그
대
그
리
움

44. 기쁨해

언덕 저편에서 홀로 버티던 불면의 밤을
흐린 음색으로 노래하다
힘겹게 고개를 들어 올린다

가끔은 쏟아지는 분노가 참을 수 없는 아픔이 되어
흔들리는 햇살로 부서져 내리기도 하지만
사무치는 바람 속을 등 떠미는 세월에 매달려 묵묵히 붉어져 간다

그리고 눈물진 하늘 끝에서 새로운 꿈을 안고
내안에 멈추어 기쁨으로 환하게 웃는다

45. 그리움

길섶에 그리움이 짙게 물들었다

흩어진 구름 사이 기다림으로 애가 타는 망초 꽃은 목이 길어지고
외길을 걷고 있는 마디진 세월은 서럽다 노래를 하며
산자락에 앉아 있다

오던 길 더듬던 빛바랜 기억들이 내 마음을 헤집고 있을 때
외로운 바람 따라 더 길어진 망초꽃은
구름에 기대어 하염없다

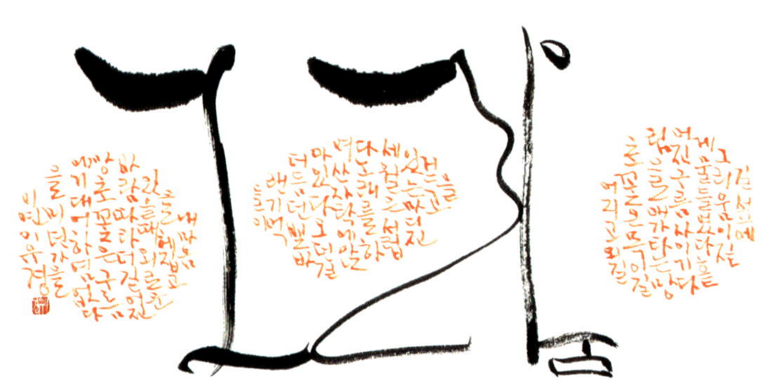

46. 눈물

문득 올려다 본 하늘길에 내 흘린 눈물 다 모였네

푸른 빛 희망으로 가득했던 지난 세월들은 꿈길 더듬으며 유유히 흘러가고
나무 끝에 앉은 조각구름은 고독을 노래하고 있네

하염없는 생각들이 부질없이 허공을 날고 있을 때
외로운 낮달 삶의 희망의 빛으로 내게 다가오는데 꿈은 말없이 그냥 지나간다

그리고 어둠이 내린 두 눈엔 눈
물
만
가득 차오르고 있네

47. 너의 미소

낡은 그리움 속에서 꽃물 물든 향기로
어둠을 밝히는 너의 미소

노을 진 하늘 끝자락에 티 없이 맑은 이슬 머금고
침묵 속에 피어나는 행복의 눈물 꽃
오늘도 해거름 들녘에 앉아 있는 내안의 나는

너의 미소 가득 담긴 꽃비를 맞으며
내 인생의 한 시절을 보내고 있다

48. 기다림

스치는 바람 굽이굽이 달 빛 더듬다

달그림자를 밟는다

외로움 속에 숨어 잊혀져간 시간들은
그리움의 강물로 떨어지고
풀숲에 흔들리며 내려앉은 것은

기다림의 긴 한 숨

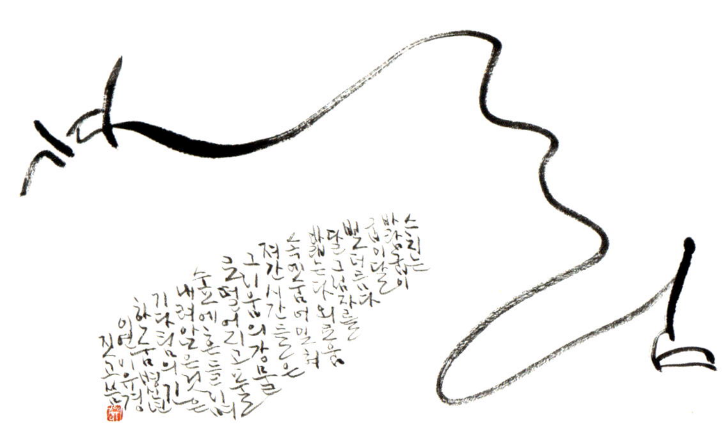

초록빛

49. 초록빛 꿈

호젓한 풀숲에 초록색 꿈이 자란다

희망으로 맺히는 아침 이슬처럼 아름다운 풀잎에 머물다

노을 진 끝자락에선 청초함으로 웃음 짓고
마음에 빛으로 피어나는 내 작은 하늘가에선
행복으로 맑은 꽃 한 송이 피워내며 아침 해를 맞이할 때

꿈은 초록빛으로 더욱 짙어간다

50. 인생살이

헝클어진 슬픔 속에 늙어가는 세월
꽃그늘에 햇살이 피어나고 희망이 내리기도 했을 눈물한 점

푸르게 너울대는 들판에 외로운 아픔이 넘나들며
더 깊어가는 주름

그
리
고

쌓이는 쓸쓸함

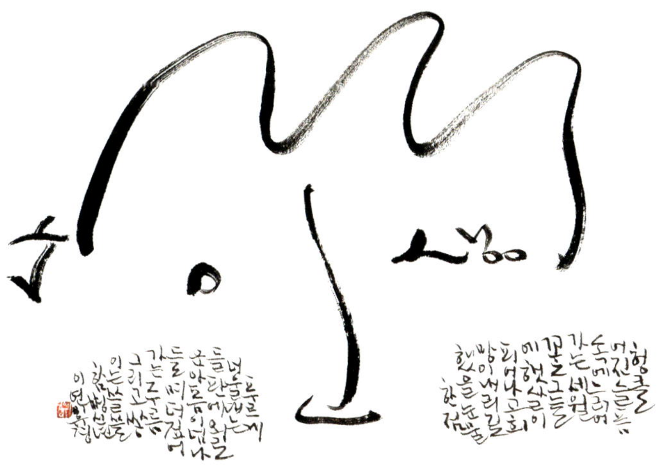

51. 넋두리

고뇌의 시간들이 떠다니다

적막함으로 고요한 하늘
그 빈자리가 무심함으로 아름답게 빛나고 있을 때

내 가슴에 떨어지는
슬
픈
별
의

넋두리

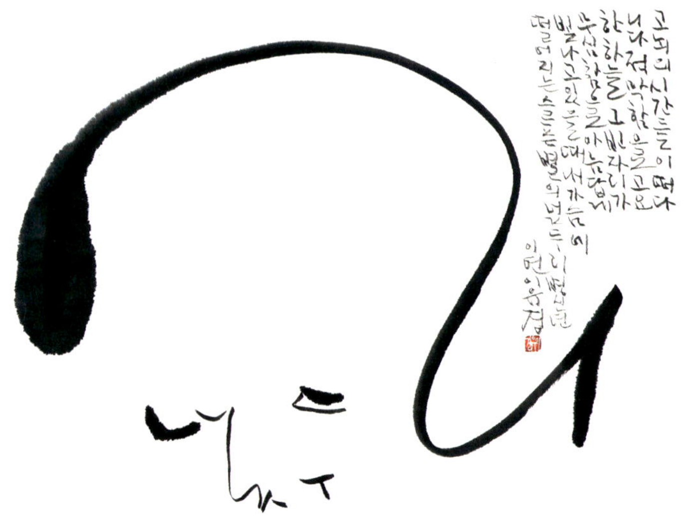

52. 씨앗

세월 거둔 바람 꽃 속에 숨어 아름다움이 숨을 쉰다

누군가의 사랑으로 맑은 영혼을 노래하며 향기로 서성이다
두근거림 속에 조용히 눈을 감고 영그는 씨앗

늘 그렇듯이 무엇이 되고 싶기 보다는
세상의 모든 것 내려두고 그저 묵묵히 바람에 흩어져
그들만의 가장 아름다운 모습으로
싹을 틔우고 하늘빛을 열어가리

53. 기억

많은 기억들이 아침 강물위로 떨어진다

바람은 텅 빈 가슴속에서 희망의 몸짓으로 말을 건네고
초록 풀잎은 말갛게 씻기운 얼굴로 나를 품는다

기억들은 흔들거리며
흐르는 물줄기를 따르고
풀 물든 하늘 위엔
오늘도 우리 모두의 세월이 걷고 있다

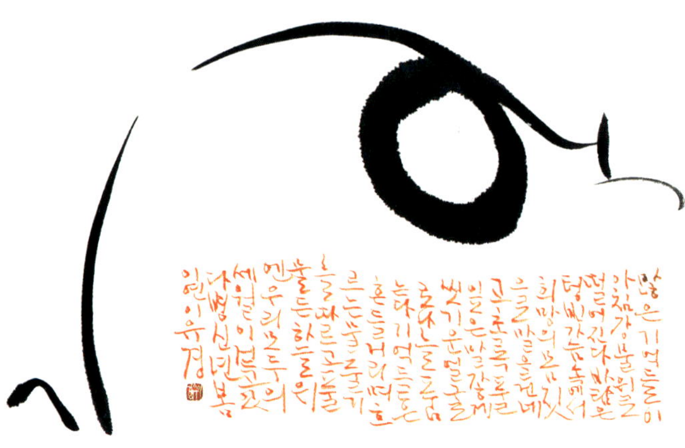

54. 마음의 집

마음이 가을 하늘 흰 구름 위에 앉았다

생각들은 하나 둘 꿈틀거리며 일어나 길 위를 몇 바퀴 돌다가
아득히 먼 산 위에 긴 그림자를 남기고 외롭게 잠이 든다

고단함 뒤로 푸른 빛 추억들이 꿈속으로 걸어 들어오고
마음은 소박한 행복으로 곱게 물들어 간다

가을 하늘은 점점 더 깊어지고
잠이 든 꿈은 며칠 째 흰 구름 위에 누워 있다

마음의 집

55. 그 어디로

소낙비에 여름이 화들짝 깨어나며 풀 내음 가득 일어난다

가슴 깊이 묻어 두었던 흔적들이 빗줄기를 따르고
산허리엔 굵은 눈물방울 그리움으로 나폴 거리다 사라져 간다

나는 지금 어디로 가고 있는걸까

알 수 없는 내안의 것들이 초록 풀잎에 안겨 파르르 떨고 있을 때
벌써 하늘엔 성긴 별 달빛 곱게 맞이하고 있다

56. 행복

어둠 속에 숨어 고뇌하는 꿈

걸음걸음 마다 아름다운 상처로 영그는 아픔

외로운 구름이 되어 고개를 넘고 넘다가
눈부신 하늘 속으로 걸어가는 별 꽃

한없는 고요함 속에서 묵묵히 단 비를 맞으며
기
다
리
는

작은 희망

57. 새로운 날

아름다운 존재로 행복이 샘솟는다

해맑은 꿈은 깊은 발자국으로
하늘에서 내려와 바람과 함께 춤을 추며 노래를 한다

소박한 믿음으로 사랑을 건네는 그대안의 순결한 눈빛은
내안의 내가 희망이 되고

날마다 설레임으로 새로운 날을 열어간다

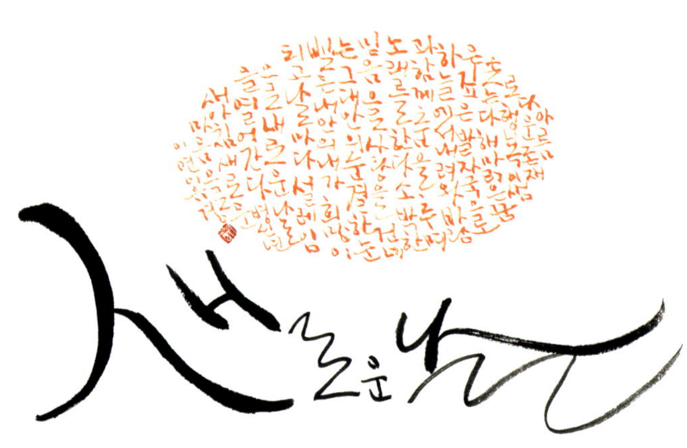

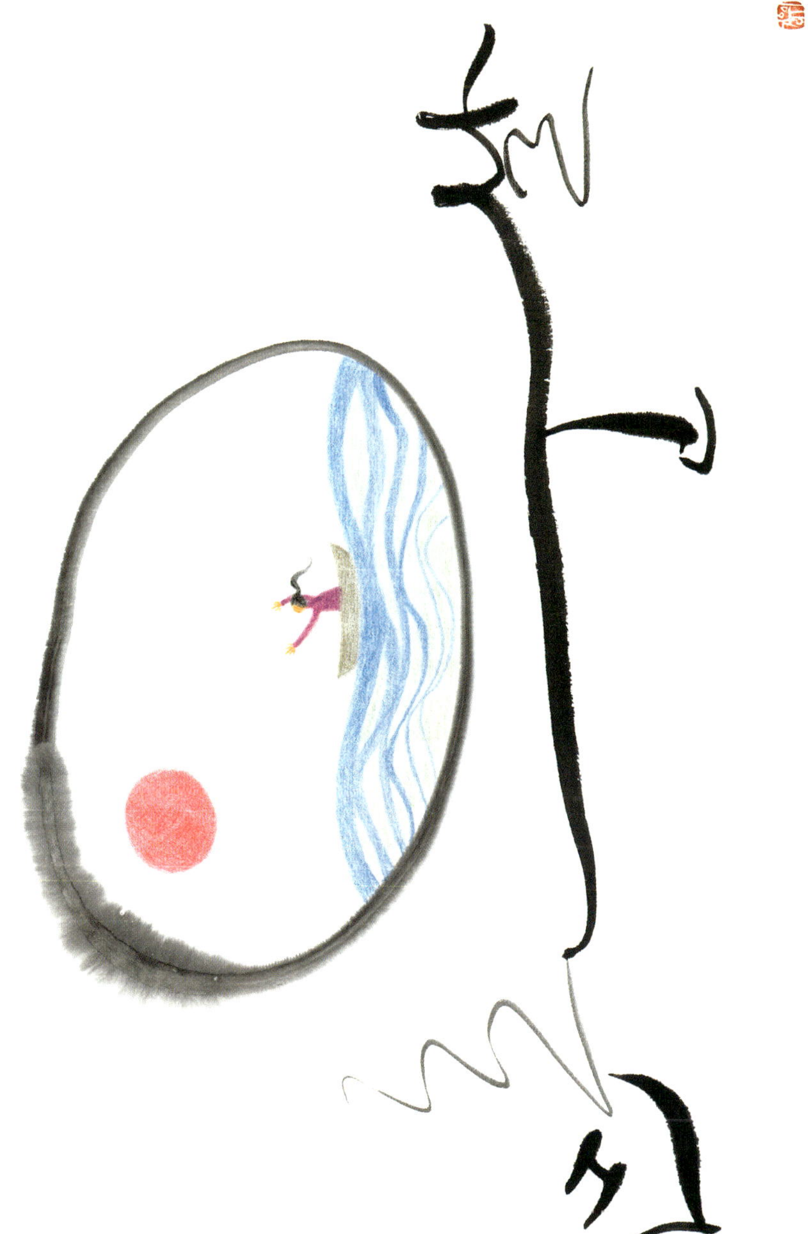

58. 인연

어디서 와서 어디로 가는지 알 수 없는 그대와 나
그저 마음 하나로 사랑을 얻어

오늘도 행복한 그림을 그린다

59. 여행

구름 아래 꽃피워 놓고 우리 함께 바람 따라 여행을 가자

향기로 머물며 세상을 품고
싱그러운 푸르름으로 마음의 문을 여는 꽃길 따라
우리 함께 여행을 가자

고단한 세월 끝에 떨어지는 구름의 눈물도 따뜻한 사랑으로 닦아주며
우리 함께 행복한 여행을 떠나자

60. 고독

고독이 달려 와서 나를 품는다

그리고 아무런 말없이 바람 속으로 사라져 간다

설움도 그리움도 이젠 모두가 말이 없다

움츠린 시간 속에서 속절없이 흘러만 가던 계절은
깊어가는 고요 속에서 날마다 새로운 꿈으로 고독의 집을 짓고
나는 그 집에서 고독의 꽃을 피우며 아름답게 늙어 가고 있다

61. 회상

꽃이 피고 지던 길목을 거슬러 오른다

낮게 엎드린 산마루 따라 슬픔 배어 나오는 세월 이야기들이
강물 따라 쉼없이 가슴을 적시고

바람 헤매 도는 길목엔
달빛만 곱게 출렁거리며 웃고 있다

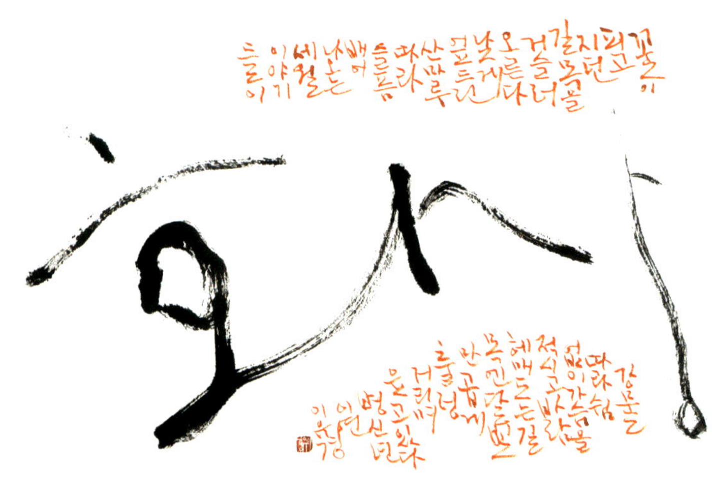

62. 웃어요

슬플 때는 밤하늘 별을 따서 가슴에 가득 채우고 들꽃처럼 하얗게 웃어요

하나 둘 따뜻한 영혼이 되어 가슴에 담긴 별들과 함께 사랑을 속삭이며
서러움 모두 잊고 웃어요

잃어버린 사랑들이 밤하늘을
하늘하늘 꽃향기로 흠뻑 적시며
새롭게 피어오를 때
우리 모두 눈물 거두고 함께 웃어요

인쇄 / 2016년 5월 27일
발행 / 2016년 5일 30일

글 · 그림 / 이 유 경
펴낸이 / 서 정 환
펴낸곳 / 신아출판사

등록 / 1984년 8월 17일 제28호
주소 / 전주시 완산구 태평동 251-30
전화 / (063) 275-4000
팩스 / (063) 274-3131
E-mail / sina321@hanmail.net

값 12,000원
ISBN 979-11-5605-331-6 03810

*지은이와 협의하여 인지를 생략합니다.
*잘못된 책은 바꿔드립니다.

이 도서의 국립중앙도서관 출판예정도서목록(CIP)은 서지정보유통지원시스템 홈페이지(http://seoji.nl.go.kr)와 국가자료공동목록시스템(http://www.nl.go.kr/kolisnet)에서 이용하실 수 있습니다.
(CIP제어번호: CIP2016012962)